LE 2ᵐᵉ BATAILLON

DES

MOBILES DE LA SAVOIE

Pendant la Guerre de 1870-1871

Campagne de la Loire.

Campagne de l'Est.

PAR

Léon MARTIN,

Notaire à Albertville, Officier au Bataillon

ALBERTVILLE

IMPRIMERIE J.-M. HODOYER

1896

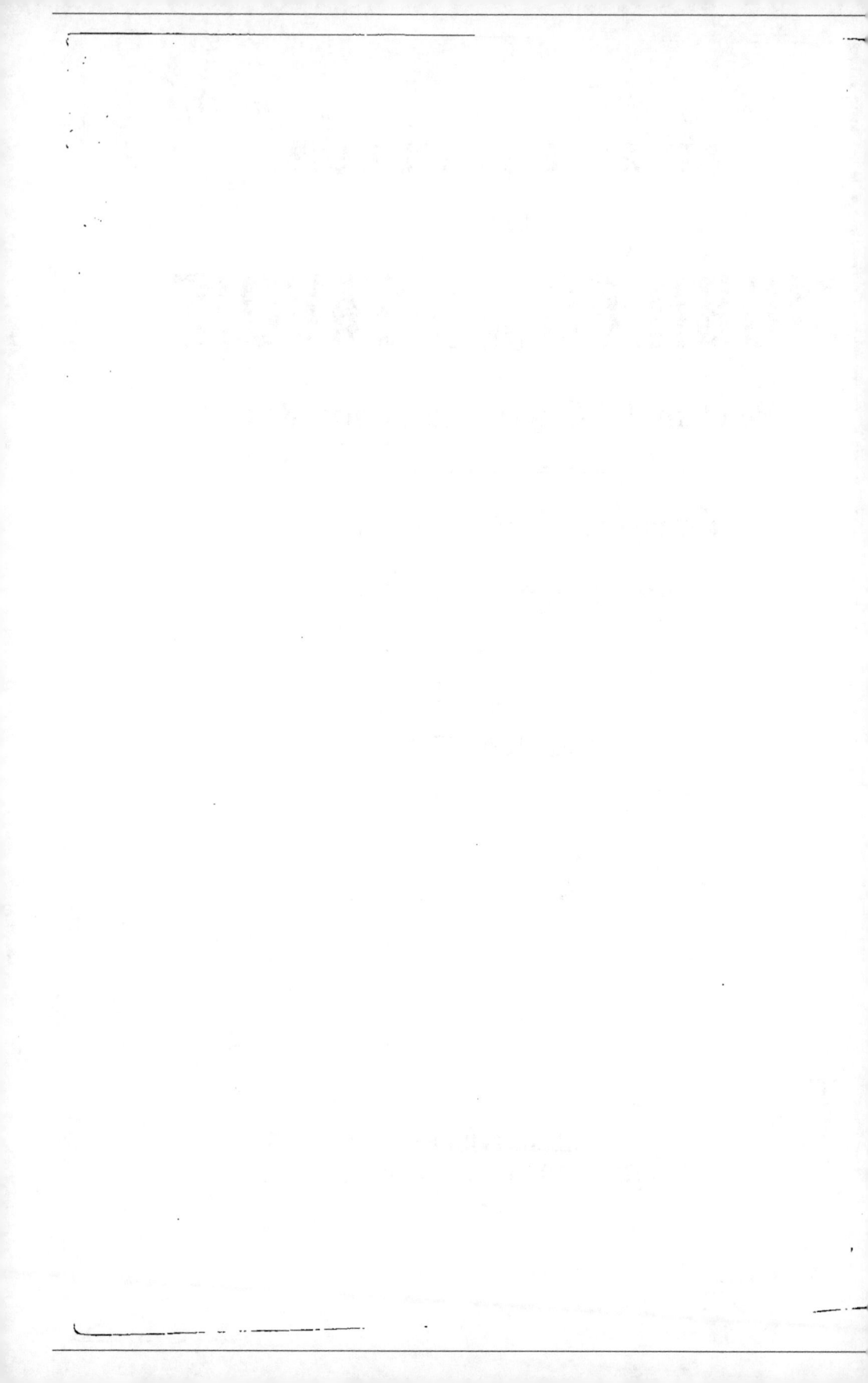

LE 2ᵐᵉ BATAILLON

DES

MOBILES DE LA SAVOIE

Pendant la Guerre de 1870-1871

Campagne de la Loire.

Campagne de l'Est.

PAR

Léon MARTIN,

Notaire à Albertville, Officier au Bataillon

ALBERTVILLE
IMPRIMERIE J.-M. HODOYER
1896

LE 2ᵉ BATAILLON

DES

MOBILES DE LA SAVOIE

pendant la guerre de 1870-1871

CAMPAGNE DE LA LOIRE

Depuis quatre ans, à Albertville, Moûtiers, Saint-Jean-de-Maurienne, le 2ᵉ bataillon des mobiles de la Savoie célèbre, le 17 novembre, l'anniversaire de la bataille de Beaune-la-Rolande,

Cet anniversaire a réveillé en moi bien des souvenirs : Beaune-la-Rolande, Villersexel, Héricourt, Chaffois, autant d'étapes où, dans cette année terrible, nous avons fait nos efforts pour sauver la patrie envahie, ravagée par un ennemi vainqueur et insolent, mais aussi autant d'étapes sanglantes où nous avons laissé les meilleurs des nôtres.

J'ai feuilleté quelques notes que j'avais recueillies

alors; elles sont fort incomplètes. J'ai pensé cependant les réunir; les voici telles que je les retrouve, aidé de mes souvenirs.

I.

Partis d'Albertville le 2 novembre 1870, nous arrivons le 4, à cinq heures du matin, à Besançon. Ordres et contre-ordres se succèdent, rien n'est préparé pour nous recevoir; finalement, on nous envoie cantonner à Velotte, petit village situé à 4 kilomètres de la ville. Nous y restons jusqu'au 8.

Rien de bien intéressant pendant ces huit premiers jours; les soldats font leur apprentissage de la vie de campagne; nous apprenons à dresser les tentes, à organiser le couchage, à faire la soupe et le café.

Le côté humoristique et philosophique de cette vie nouvelle n'est pas à dédaigner. J'admire ces hommes qui, jusqu'alors, pour la plupart, n'ont manié qu'une plume ou un outil quelconque, et qui aujourd'hui, gaiement et sans souci, vont au bois, à l'eau, épluchent des pommes de terre, lavent les choux et remplissent les offices de la bonne cuisinière.

Nous partons de Velotte le 8 au matin. Nous suivons la rive gauche du Doubs et de la Save par Quingey, Mouchard, Mont-sous-Vaudrey, Pierre et Verdun. A Pierre, nous apprenons la victoire de Coulmiers. Le général la fait connaître aux troupes par un ordre du jour. Nos cœurs tressaillent de joie à l'annonce de cette première victoire; nous saluons déjà l'aurore de jours meilleurs; mais, hélas! nos illusions devaient être vite déçues.

A Chagny, où nous arrivons le 14, nous cantonnons dans un vaste château abandonné. Bonne étape, bon gîte, bon vin et à bon marché; c'est assez pour donner de l'entrain, rendre l'assurance, calmer les regrets du départ, adoucir le souvenir du village natal, de la famille qu'on a laissée là-bas....... et que beaucoup de nous ne doivent plus revoir.

C'est dans cette ville que le général Crouzat reçoit l'ordre de former avec les troupes qui provenaient de la première armée de l'Est, auxquelles était joint le 2° bataillon des mobiles de la Savoie, un corps d'armée de trois divisions qui prendraient le n° 20.

Cette armée, à l'exception du bataillon de Savoie et de quelques autres troupes, avait déjà vu le feu dans les Vosges : à la Bourgonce, à Cussey, à Châtillon-le-Duc, devant Besançon, sous les ordres du général Cambriels, auquel avait ensuite succédé, pendant quinze jours, le général de cavalerie Michel. C'était presque tout jeunes mobiles ou jeunes soldats de l'armée régulière, en général mal armés, mal équipés, et qui n'avaient que peu d'instruction militaire. Mais la patrie était envahie, ravagée, foulée aux pieds; nos villes étaient rançonnées, nos villages incendiés; tous étaient remplis de confiance, de bonne volonté et de courage; il fallait combattre et lutter jusqu'au bout, et si nous ne pouvions vaincre, sauver tout au moins le vieil honneur de la France.

Le général Crouzat, dans sa brochure parue après la guerre, et qu'il a bien voulu me faire adresser, disait : « C'étaient de braves jeunes gens, pleins « d'entrain, intelligents, instruits, très dévoués, très « fidèles; aussi leur ai-je gardé à tous mon meilleur « souvenir, » Plus loin, il dit : « C'étaient de braves « cœurs, acceptant gaiement toutes les misères et « tous les dangers de la guerre, toujours prêts à tous « les sacrifices et qui aimaient bien leur pays ».

Voici, telle que je la retrouve, la composition de ce corps d'armée.

Commandant en chef : général Crouzat (avant la la guerre, colonel d'artillerie à Grenoble où je l'avais connu, alors général de brigade de l'armée régulière, général de division à titre provisoire).

Chef d'état-major : colonel Varaigne, chef de bataillon du génie de l'armée régulière.

Commandant de l'artillerie : colonel Chatillon, de l'armée régulière.

Commandant du génie : colonel Picolet, (armée régulière).

Intendant en chef : M. Croizet, (armée régulière).

Grand Prévôt : capitaine Rollin.

Service télégraphique : M. Joulin.

PREMIÈRE DIVISION D'INFANTERIE.
12,800 hommes.

Général de Polignac. — Chef d'état-major, commandant de Truchis de Lays. — Commandant de l'artillerie, chef d'escadron Paris (armée régulière). — Commandant du génie, capitaine Nicolas (armée régulière). — Intendant, M. Perret, sous-intendant militaire (armée régulière) — Première ambulance lyonnaise, docteur Ollier. — Prévôt, capitaine Cottou.

Première Brigade.

Colonel Boisson, lieutenant-colonel de l'armée régulière, faisant fonctions de général de brigade. — Mobiles de la Loire, 2 bataillons, lieutenant-colonel Poyeton. — 85ᵉ d'infanterie, 2 bataillons, lieutenant-colonel Gaudon. — Mobiles du Jura, 2 bataillons, lieutenant-colonel de Montravel,

Deuxième Brigade.

Colonel Brissac, faisant fonctions de général de brigade. — Mobiles de la Haute-Loire, 3 bataillons. — Mobiles de la Haute-Garonne, 2 bataillons, lieutenant-colonel de Sarmejanes — Mobiles de Saône-et-Loire, 1 bataillon, commandant Berthod. — Compagnie des Francs-Tireurs du Haut-Rhin, colonel Keller et commandant de Luppé. — Cavalerie, 2ᵉ régiment de marche de lanciers, lieutenant-colonel de Brasseries.

Artillerie, 2 batteries de 4 (13ᵉ et 14ᵉ batteries du 3ᵉ régiment, capitaines Paris et Lebourg.

Génie, 1 compagnie (2ᵉ compagnie du 3ᵉ bataillon de la Loire), capitaine Drapeau.

DEUXIÈME DIVISION D'INFANTERIE.

9.300 hommes.

Général Thornton, général de brigade de l'armée régulière.

Chef d'état-major : chef d'escadron d'état-major,de Verdière (armée régulière)

Commandant de l'artillerie : X...

Commandant du génie, chef de bataillon : Revel de Bretteville (armée régulière).

Intendant : M. Tartari, sous-intendant militaire.

Ambulance de Saône-et-Loire.

Première Brigade.

Capitaine de vaisseau : Aube, faisant fonctions de général de brigade.

Mobile des Deux-Sèvres, 3 bataillons : lieutenant-colonel Rouget.

Mobile de la Savoie, 1 bataillon, commandant Dubois.

Cavalerie, 7ᵉ régiment de chasseurs.

Deuxième Brigade.

Vivenot, capitaine de l'armée régulière, colonel de l'armée auxiliaire, faisant fonctions de général de brigade.

Mobiles du Haut-Rhin, deux bataillons, lieutenant-colonel Dumas.

3ᵉ régiment de zouaves de marche, 3 bataillons : lieutenant-colonel de Brême.

Artillerie, deux batteries, capitaine Boussard et capitaine Colson.

Génie, 1 compagnie (mobiles de la Loire).

Francs-tireurs de Bordeaux : capitaine Franke.

TROISIÈME DIVISION D'INFANTERIE.

7.900 hommes.

Général Ségard, lieutenant-colonel de l'armée régulière.

Chef d'état-major, capitaine Mallet (armée auxiliaire).

Commandant de l'artillerie, chef d'escadron Faine (armée régulière)

Commandant du génie, chef de bataillon Cord (armée régulière).

Intendant, M. Gauthier, sous-intendant militaire (armée régulière).

Ambulance du midi, docteur Sabatier.

Première Brigade.

Colonel Durochat (armée auxiliaire), chef de bataillon de l'armée régulière, faisant fonctions de général de brigade.

47ᵉ d'infanterie de marche, 3 bataillons, lieutenant-colonel X...

Mobiles de la Corse, 2 bataillons, lieutenant-colonel Paran.

Deuxième Brigade.

Colonel Girard (armée régulière).

78ᵉ régiment d'infanterie de ligne, 1 bataillon : de Seigneurens.

Mobiles des Pyrénées-Orientales, 2 bataillons, lieutenant-colonel Devaux.

Mobiles des Vosges, 2 bataillons, lieutenant-colonel Dyonnet.

Mobiles de la Meurthe, 1 bataillon, commandant Verdelet.

Cavalerie, régiment de cuirassiers de marche, lieutenant-colonel Chevals.

Artillerie, deux batteries dont une de 12 (18ᵉ batterie du 14ᵉ), capitaine Renne ; 14ᵉ batterie du 10ᵉ, capitaine Mênes.

Génie, 1 compagnie du génie auxiliaire de Chalons.

Francs-tireurs du Doubs, commandants Clésinger et Sage-Vaudrey.

Francs-tireurs de Nice.

RÉSERVE D'ARTILLERIE.

Lieutenant-colonel, d'Auvergne.

1 batterie de mitrailleuses (21ᵉ batterie du 7ᵉ régiment).

2 batteries d'obusiers de montagne.

1 compagnie du génie (mobiles de Tours).

Parc d'artillerie, commandant Delahaye.

1 compagnie du 1ᵉʳ régiment du train.

L'artillerie laissait à désirer ; elle comprenait à

peine deux bouches à feu par mille hommes et, parmi ces pièces, 12 n'étaient que des obusiers de montagne.

La nomenclature de ce corps d'armée est peut être un peu sèche, mais elle m'a paru intéressante, comme souvenir, à ceux qui en avaient fait partie; on aime à se rappeler ses anciens chefs. Il en est parmi eux dont j'ai gardé le meilleur souvenir.

2e Bataillon des Mobiles de la Savoie

1,200 HOMMES.

Commandant : M. Dubois.

Aide-Major :   M. Beauregard.

Etat des Officiers.

PREMIÈRE COMPAGNIE

A la formation.

Capitaine : M. Finas.
Lieutenant : M. Collomb.
Sous-lieutenant : M. Martin.

Au licenciement.

Capitaine : M. Finas.
Lieutenant : M. Martin.
Sous-lieutenant : M. Faure.

DEUXIÈME COMPAGNIE.

A la formation.

Capitaine : M. Pey.
Lieutenant : M. Sogno.
Sous-lieutenant : M. Anselmi.

Au licenciement.

Capitaine : M. Pey.
Lieutenant : M. Sogno,
Sous-lieutenant : M. Pravaz.

TROISIÈME COMPAGNIE.

A la formation.

Capitaine : M. Cottarel.
Lieutenant : M. Mestrallet.
Sous-lieutenant : M. Mareschal.

Au licenciement.

Capitaine : M. Cottarel.
Lieutenant : M. Mareschal.
Sous-lieutenant : M. Fontaine.

QUATRIÈME COMPAGNIE.

A la formation.

Capitaine : M. Roman.
Lieutenant : M. Fortin.
Sous-lieutenant : M. Carle.

Au licenciement.

Capitaine : M. Roman.
Lientenant : M. Sanguet.
Sous-lieutenant : M. Carquet.

CINQUIÈME COMPAGNIE.

A la formation.

Capitaine : M. Perrier.
Lieutenant : M. de Tours.
Sous-lieutenant : M. Sanguet.

Au licenciement.

Capitaine : M. Fortin.
Lieutenant : M. de Tours.
Sous-lieutenant : M. Piot.

SIXIÈME COMPAGNIE.

A la formation.

Capitaine : M. Brunet.
Lieutenant : M. Bertallot.
Sous-lieutenant : M. Roux, officier payeur.

Au licenciement.

Capitaine : M. Fardel.
Lieutenant : M. Bertallot.
Sous-lieutenant : M. Poncet.

SEPTIÈME COMPAGNIE.

A la formation.

Capitaine : M. Philippi.
Lieutenant : M. Fardel.
Sous-lieutenant : M. Sevez.

Au licenciement.

Capitaine : M. Philippi.
Lieutenant : M. Sevez.
Sous-lieutenant : M. Chapelier.

COMPAGNIE DE DÉPOT.

Capitaine : M. Miédan.
Lieutenant : M. Mollard.
Sous-lieutenant : M. Salomon.

Le bataillon était donc sous la direction immédiate du commandant Dubois. Il ne pouvait être fait un meilleur choix, et nous ne pouvions avoir un chef plus habile, plus valeureux, expérimenté et aussi plus bienveillant. Le commandant Dubois qui, au début de la campagne était capitaine au 67ᵉ régiment d'infanterie, avait gagné tous ses galons à la pointe de l'épée.

Engagé à 17 ans, le 11 février 1842, au 1ᵉʳ régiment de la brigade de Savoie, il avait fait toutes les guerres d'Italie, 1848-1849 et 1859, les guerres d'Afrique en 1863 et avait assisté aux premières batailles de la campagne de 1870. Blessé en 1849 d'un coup de baïonnette, en 1859 d'une balle au pied gauche, il portait toutes les médailles d'Italie, et avait été fait chevalier de la Légion d'honneur par décret du 13 août 1863; c'était un de ces hommes dont la main ferme pouvait seule former la mobile. Sous sa direction, nous pouvions être tués, anéantis, mais nous ne pouvions pas déchoir; et, en fait, s'il a été un des chefs les plus valeureux de l'armée française, on peut dire aussi qu'il a été le meilleur soldat de son bataillon.

II.

Nous étions à Chagny pour couvrir Lyon; à chaque instant, nous nous attendions à combattre; toutes les dispositions avaient même été prises pour couvrir la vallée de la Saône, dans le cas où l'ennemi, descendant de Dijon, nous chasserait de Chagny. Le bataillon dut plusieurs fois prendre sa position de bataille, mais inutilement, l'ennemi restait invisible.

Cependant, dans la situation où il se trouvait, le rôle du 20e corps était incertain; ou il devait défendre Lyon, et alors sa place était à Châlons; ou il avait à défendre les passages de la Loire, et alors il en était trop éloigné. C'est ce que fit observer le général Crousat dans une dépêche, datée du 17, au ministère de la guerre.

Le 18, le bataillon, qui fait donc désormais partie du 20e corps, reçoit l'ordre de partir pour Gien; nos vieux fusils à tabatière sont changés contre des chassepots.

Le 19, nous arrivons à Gien; nous campons sur la rive gauche de la Loire, perdus au milieu d'un camp immense, ayant pour voisins, à notre gauche, de bons et braves conscrits avec lesquels nous sommes bientôt les meilleurs amis du monde, et à notre droite le 3ᵉ régiment de marche de zouaves, qui nous rend des points pour bien des choses.

Dans les camps, — on ne volait pas, mais on chapardait facilement — il fallait faire bonne garde pour ne rien perdre. Je me souviens de tel officier de notre bataillon qui, ayant eu le malheur de laisser sortir de sa tente le bout de ses bottes, fut obligé le lendemain de mettre des souliers d'ordonnance. Je me souviens de tels de nos soldats, et des malins, qui, s'étant tournés pendant que leur soupe refroidissait, ne trouvèrent plus en se retournant la soupe ni la soupière.

Si ces petits méfaits doivent être imputés à nos voisins, qu'ils leur soient aussi légers que la terre qui les couvre; je les ai vus à l'œuvre, bien peu d'entre eux, en effet, doivent être revenus, puisqu'à Beaune-la-Rolande seulement, le 3ᵉ zouaves perdait 17 officiers et plus de 400 hommes.

Le 20, une dépêche télégraphique annonce au 20ᵉ corps qu'il fait partie de l'armée de la Loire, et qu'il se trouverait désormais sous la direction du général d'Aurelle de Paladine.

Nous cantonnons au château de Bonnée le 22, après une journée des plus pénibles. Dès le matin, nous sommes en marche; une pluie serrée vient ajouter ses charmes pénétrants aux agréments de la promenade. Le château ne pouvait contenir toute l'armée. Le bataillon de Savoie seul cantonnera, avait dit heureusement le général. Quoique le château fut nu, désert et inachevé, c'était un asile inespéré au milieu de cette grande plaine sans habitation. Le premier qui eut à s'en réjouir et à en ressentir les effets, fut le caporal Borrel de la 1re compagnie. Que serait-il devenu alors si nous n'avions pu le porter devant un feu vivifiant qui le ranima et lui sauva la vie !

Le 23, nous campons entre Chatenay et le Canal ; une rencontre avec l'ennemi est prochaine ; la compagnie qui est de grande garde, et dont je fais partie, voit même défiler de loin une de ses divisions, mais nous avons ordre de nous tenir coi.

Pour ranimer nos courages, le général Crouzat nous adresse l'ordre du jour suivant :

« Officiers, sous-officiers, soldats,

« Les jours de bataille sont proches ; préparez vos
« armes et vos courages ; c'est la lutte suprême que
« vous allez soutenir, il faut vaincre.

« Depuis quatre mois, notre pays écrasé, ravagé,
« foulé aux pieds par un envahisseur insolent et
« avide, crie vengeance et délivrance. C'est à nous,
« ses enfants et ses soldats, à le délivrer et à le venger.
« Vive la France, mes camarades ! la France grande,
« libre, glorieuse, immortelle comme la victoire. »

Pleins d'enthousiasme, nous défilons le lendemain aux cris de : Vive la France ! Vive la République !

III.

COMBAT DE FRÉVILLE.

Le 24 novembre, départ de Chatenay pour Bellegarde où séjourne l'état-major. La première division (général de Polignac) est dirigée sur Montliard; la deuxième (général Thornton) sur les collines de Fréville, à droite de la première; la troisième (général Ségard) est placée à cheval sur la route de Ladon et sur les collines, à droite de la deuxième.

Nous assistons, mais comme réserve seulement, à un joli petit combat. Le général Crouzat avait envoyé de Bellegarde un bataillon de mobiles de la Haute-Loire pour occuper Mezières, et deux autres bataillons, un du 44e de ligne et un de mobiles de la Loire, avec une section d'artillerie pour occuper Ladon. Ces bataillons rencontrèrent l'ennemi très nombreux sur ces deux points. Un violent combat s'engagea. Nos troupes pénétrèrent néanmoins dans Mezières et Ladon; mais l'ennemi, qui tenait beaucoup à la route de Montargis à Beaune la Rolande et Pithiviers, ne cessant pas d'envoyer de nouvelles forces, le général fit rentrer les bataillons engagés. Celui revenant de Ladon ne fut pas suivi; celui qui revenait de Mezières, au contraire, fut poursuivi jusqu'aux collines de Fréville que nous occupions. En ce moment, nous recevons l'ordre d'être prêts. Voici, pensais-je, notre premier engagement. Il était environ trois heures; le temps était radieux; le soleil dorait la cîme des monts; autant ce jour-là qu'un autre; mais ce n'était pas notre tour. Deux bataillons de mobiles du Haut-Rhin et un bataillon de zouaves, soutenus par le feu d'une batterie de 12, reçoivent l'ordre de se porter en avant. Ils s'élancent au pas de course et à la baïonnette sur l'ennemi qui est rejeté au loin. Malgré notre ardeur à faire nos premières armes, nous ne pouvons qu'applaudir à cette attaque impétueuse, et nous rentrons à notre campement. Le soir, notre commandant est même blâmé de s'être trop avancé.

Ce combat coûtait aux troupes engagées une cinquantaine de blessés et dix tués; parmi ces derniers, deux officiers de la mobile, MM. de la Tour-Maubourg et de Bussières, jouissant d'une grande fortune et appartenant aux plus grandes familles de France.

Le même jour, mais de plus loin, nous assistions à un combat de cavalerie. Dessous Boiscommun, une rencontre avait lieu entre les lanciers de notre division· et les dragons Hanovriens. Six dragons furent tués et plusieurs, dont deux officiers, furent faits prisonniers. Malheureusement, le lieutenant-colonel des lanciers, M. de Brasseries, voulant donner l'exemple à ses hommes, chargea très en avant d'eux, fut blessé et resta aux mains de l'ennemi.

La nuit qui suivit ne fut pas gaie. Ma compagnie —

la première — était de garde à l'artillerie. Comme
nous pouvions supposer un retour de l'ennemi, il
nous fallut rester jusqu'au matin l'arme au pied, sans
feu, l'œil et l'oreille aux guets. Le froid était très vif;
de plus, nos estomacs criaient famine; j'envoyai
quelques hommes chercher des vivres; ils revinrent
avec une demi-douzaine de pains et un morceau de
lard cuit; pour une compagnie, c'était suffisant pour
ne pas mourir de faim. Je dois de la reconnaissance
au capitaine Colson qui commandait la batterie.
Comment dînez-vous, me demanda-t-il? — J'ai envoyé
chercher du pain. — Venez avec nous. Je m'aperçus
avec plaisir que les caissons de la batterie ne conte-
naient pas que des munitions de guerre; il y avait
surtout un certain fromage d'Italie auquel je fis
honneur.

IV.

Les 25, 26 et 27, nous conservons nos positions;
mais elles n'étaient pas dignes d'envie. Nous cam-
pions aux alentours d'une maison faisant partie du
village de Quiers. La terre de la Loire est une terre
jaune et grasse; il avait plu, la boue était si épaisse
qu'il était impossible de dresser une tente; ceux qui
ne pouvaient se réfugier dans la maison étaient
obligés de bivouaquer. Et encore, cette maison, nous

l'avions pour ainsi dire prise de force; elle était
habitée par deux vieux époux qui, à chacune de nos
demandes et même avant qu'elles fussent formulées,
tellement ils en avaient l'habitude, répondaient inva-
riablement : Mon bon Mossieu, je n'avons plus rien.
Je me souviens que le général Thornton, venant nous
voir, dit : Vous êtes bien à plaindre dans ce misérable
endroit.

Dans la nuit du 26, nous entendîmes tout à coup,
dans un vallon au-dessous de nous, une vive fusillade.
Elle fut courte. Le lendemain, nous apprenions que
le colonel Girard s'était fait mitrailler avec 300 des
siens en voulant aller enlever des canons prussiens
qui, la veille, étaient restés embourbés. Ce jour-là,
le 20e corps perdit un de ses plus braves soldats.

Si je cite ce fait, c'est qu'il donne une idée des
officiers d'alors. M. Girard était lieutenant au début
de la campagne. Il fut chargé par le ministre de la
guerre d'organiser militairement cette troupe de
volontaires, appartenant aux classes élevées de la
société, qui devait tenter de faire sauter le pont de
Saverne pour empêcher l'entrée des Prussiens dans
les Vosges. Cette tentative échoua par la trahison d'un
maître d'école. Or, à la suite de ce fait, seul, la nuit,
son revolver à la main, il avait pénétré dans le camp
prussien et s'était emparé du traître dont les révéla-
tions avaient fait échouer la tentative — En moins de
deux mois, il fut successivement capitaine, commandant, colonel, et enfin il venait d'être nommé général

de brigade lorsqu'il trouva la mort dans la folle entreprise dont nous avions entendu le dénouement.

Revenons à notre campement.

Que de fausses alertes pendant ces trois jours! Chaque fois que le canon gronde, le bataillon est mis sous les armes.

L'ordre était toujours de marcher sur Beaune-la-Rolande et Pithiviers, mais nous attendions que le 18ᵉ corps, qui devait concourir avec le 20ᵉ à cette grave opération, fut arrivé à Ladon.

Le 25, M. de Freycinet, délégué de la guerre, adressait au général Crouzat la dépêche suivante : « Continuez à garder vos positions jusqu'à ce que « l'arrivée du 18ᵉ corps à Ladon vous permette « d'occuper sans danger de bonnes positions vers « Beaune-la-Rolande. A cette fin, vous vous mettrez « en relations aussitôt que possible avec le 18ᵉ « corps. »

Le 26, nouvelle dépêche : « Vous vous concerterez « (Crouzat et Billot) pour agir en commun en vue « d'occuper Beaune-la-Rolande, Mezières et Juran- « ville. Crouzat commandera le mouvement. Le 20ᵉ « corps occupera de bonnes positions dans le voisi- « nage de Beaune, telles que Batilly et Nancray. Le « 18ᵉ corps pourra occuper de bonnes positions près « Mezières, comme Juranville, Saint-Loup. On « coupera la route de Beaumont à Mezières aussi « loin que possible de Mezières et on la rendra

« impraticable sur la plus grande longueur. On se
« retranchera avec soin dans les positions qu'on
« occupera et on attendra de nouveaux ordres. »

Ces ordres arrivèrent le 27. Mais ces deux journées,
je ne dis pas de repos, mais d'attente, devaient nous
être fatales; elles permirent au 10ᵉ corps prussien,
qui occupait Beaune et les villages environnants, de
s'y retrancher fortement. Malgré cela, l'attaque de
Beaune devait encore réussir, à condition que la 1ʳᵉ
division du 15ᵉ corps, forte de 25,000 hommes, qui
était à Chilleurs-aux-Bois, put arrêter l'ennemi qui
était en force à Pithiviers, et à condition que le 18ᵉ
corps, partant de Ladon, arrivât à temps pour attaquer et déborder Beaune par la droite, pendant que
le 20ᵉ corps l'attaquerait de front et à gauche.

Le 28, nous recevons l'ordre d'occuper Beaune.
C'était pour nous le grand jour et pour beaucoup le
dernier.

Voici l'ordre d'attaque, tel qu'il fut remis aux
commandants de corps, pour ce qui concerne le 20ᵉ
corps :

La 1ʳᵉ division, débouchant de Boiscommun, devra
marcher sur Nancray, Batilly, St-Michel et Beaune;

La 2ᵉ division, (la nôtre) débouchant de Montbarrois
et St-Loup, devra marcher directement sur Beaune;

La 3ᵉ division se placera en réserve à St-Loup;

Le 18ᵉ corps, partant de Ladon à sept heures, devait
arriver à Beaune à midi.

V.

BATAILLE DE BEAUNE-LA-ROLANDE
28 *novembre* 1870.

—

La bataille de Beaune-la-Rolande fut pour le 20° corps, ce que, dans un langage expressif, les soldats appellent un coup de chien; mais ce fut bien une vraie bataille, le chiffre élevé des troupes engagées, celui des morts, des blessés, l'importance des résultats, lui méritent ce nom.

Voici le décompte des troupes qui, plus ou moins, prirent part à l'action.

Du côté des Français :

20° corps.	35.000	hommes.
Francs-tireurs et autres.	3.000	»
18° corps.	25.000	»
Total.	63.000	hommes.

Du côté des Prussiens :

10° corps (Hanovre)	35.000	hommes
2 divisions de renfort du 3° corps.	20.000	»
Total.	55.000	hommes.

Les Français y laissèrent 3.000 hommes, tant tués que blessés; c'est à tort que le général Crouzat, pour atténuer l'importance de l'affaire, (il en est toujours ainsi lorsqu'on est vaincu) porte ce chiffre à 1.200 hommes seulement.

A six heures du matin, le bataillon se porte sur St-Loup au pas de course Les deux premières compagnies reçoivent l'ordre d'aller se mettre en grand-garde sur la lisière d'un bois. Le surplus du bataillon, un moment après, reçut une autre destination. C'est ce qui explique comment pendant toute la journée il combattit séparément; nous ne devions plus nous rencontrer que le soir. Mais ce que l'on ne saurait dire, c'est combien il est pénible, dans ces moments difficiles, d'être séparé du chef dans lequel on a pleine confiance, qui était le seul expérimenté, sur lequel on avait compté en disant : « Je m'attacherai à ses pas et je suis sûr de faire mon devoir. »

Je faisais partie des deux premières compagnies. Après être restés de grand-garde environ une heure, nous contentant de déloger quelques Prussiens d'un bois voisin, nous sommes relevés par deux compagnies du 3e zouaves qui nous disent de rejoindre notre bataillon. Mais ce n'était pas chose facile; où était-il? Nous entendions la fusillade, le canon, tous les éléments de la bataille, nous étions presque certains que nos camarades étaient engagés, nous voulions aussi avoir notre part de la journée. Un officier d'état-major qui passe nous ordonne de nous porter en tirailleurs pour soutenir les zouaves. Les balles pleuvaient sur nous, et cependant la direction était difficile, car devant nous étaient des fourrés à peu près impraticables. Heureusement, nous rencontrons le commandant de Verdière (chef d'état-major) qui nous indique un chemin et la place que nous devions occuper. La 1re section de la 1re compagnie, malgré un fossé qu'il lui faut traverser, s'élance au pas de course, et elle est bientôt suivie par les deux compagnies entières. Nous nous mêlons aux zouaves; mais les Prussiens, qui voient arriver du renfort, font pleuvoir sur nous une grêle de balles. Cependant chacun s'installe le plus commodément possible. Nous avions parcouru sur un terrain nu, un espace de plus de 40 mètres et personne n'était blessé; c'est de la chance, me dis-je, mais j'entends derrière moi un cri de douleur : c'est Biguet, de Thénésol, dont la jambe vient d'être traversée par une balle. Il peut encore gagner l'ambulance. Cependant le feu ne cessait pas : la mitraille labourait la terre autour de nous; c'était un bruissement continuel. A côté de moi, je vois successivement plusieurs de mes camarades se lever, puis s'affaisser, les uns se traîner aux ambulances, les autres se tordre sur le sol durci et rendre le dernier soupir.

A trois heures, nous sommes portés en avant; le succès de la bataille semble certain. Quelle joie que celle que donne le pressentiment de la victoire commencée!

Pendant cinq minutes, nous nous trouvons rassemblés derrière une maison à environ 150 mètres de Beaune. Nous essayons de nous compter, mais presque aussitôt nous sommes reportés en tirailleurs à droite et à gauche. La fusillade, qui avait un instant faibli, redevient plus vive que jamais; un véritable ouragan de fer balaie la route qui conduit de Beaune à Montbarrois et que nous avons à traverser. Je la passe en courant et vais me réfugier sur le bord du fossé. Je regarde le champ de bataille. Quel horrible spectacle! Que de morts, que de blessés gisent sur le sol autour de moi! Parmi ceux ci, les uns demandent des secours, les autres la mort. J'ai près de moi un zouave qui a les deux chevilles, traversées par une balle, brisées. Dans les champs, errent çà et là des chevaux sans cavaliers; j'en vois un qui, la tête penchée sur son maître qui vient d'expirer, semble vouloir lui dire un dernier adieu. Plus loin, je compte les incendies qui s'allument de tous côtés. Il y en a cinq, dis-je. Où donc? me demande un camarade de la 2ᵉ. Mais le bras qu'il avait soulevé retombe inerte : il venait d'être traversé par une balle.

Cependant, nous approchons de plus en plus de la ville; déjà l'ennemi commençait à l'évacuer, lorsque des obus, partant d'une colline située à notre gauche, viennent siffler et tomber au milieu de nous. C'étaient 20.000 Prussiens que le 15ᵉ corps n'avait pu empêcher d'arriver et qui venaient prendre part à l'action.

La lutte devenait impossible; il fallut battre en

retraite. Je suis la foule qui se précipite en arrière et j'arrive avec elle derrière la maison qui nous avait déjà abrités il y a un instant.

Pendant que nous essayons de nous reformer, l'ordre est donné de s'élancer à la baïonnette. Faut-il, en effet, perdre, sans tenter un dernier effort, le fruit de toute une journée? Un jeune clairon de zouaves sonne la charge; mais cette foule sans ordre, composée de débris de bataillons de mobiles, de zouaves, de francs-tireurs, hésite un instant. Où, d'ailleurs, se trouve l'ennemi? Nous ne voyons que des murailles. Allons, la Savoie, passons devant, s'écrie Pey, capitaine de la 2e compagnie. Mais ce cri a réveillé les cœurs; nous sommes devancés par les zouaves qui disent que jamais les moblots ne leur passeront devant. Nous nous précipitons avec ardeur et courage, mais tout d'un coup, des murs de la ville que l'on croyait abandonnée, part une grêle de balles et de mitraille qui sème la mort dans cette héroïque colonne et la force à reculer.

C'est alors que les deux premières compagnies, qui avaient occupé le centre de la bataille, parviennent à rejoindre le bataillon qui avait occupé l'aile droite et qui, lui aussi, après d'héroïques efforts, était forcé de battre en retraite.

Le rôle du bataillon avait été à peu près le même que celui de ses deux premières compagnies, mais plus sanglant. En arrivant à St-Loup, le commandant reçoit l'ordre de se porter en ligne de bataille à la gauche du Haut-Rhin, aile droite de la bataille. Arrivé sur la lisière d'un bois occupé par les Prussiens, le bataillon essuie à bout portant une fusillade terrible qui tue ou blesse plusieurs hommes de la compagnie de tête. « Soldats, s'écrie le général de brigade Aube, souvenez-vous que vous êtes les fils des héros de la brigade de Savoie.» Cependant, sous ce feu meurtrier, la section de tête hésite un moment et recule de quelques pas, mais bientôt elle est ramenée au feu par ses officiers et le général de la brigade, sous une grêle de balles, et le bataillon tout entier, se mettant en mouvement, chasse du bois les allemands qui s'y trouvaient.

Aucun régiment, en se mettant en ligne de bataille, n'avait été accueilli par une décharge aussi meurtrière. Le général Aube, dans un remarquable article paru dans la *Revue des Deux-Mondes*, sur la bataille de Beaune, dit : « Le bataillon de Savoie (commandant « Dubois), accueilli par une fusillade terrible sur la « lisière des bois qui défendent le village au sud, « hésite et recule un moment; mais bientôt il est « ramené au feu, sous une grêle de balles, par le « commandant de la brigade suivi de tout son état- « major; les zouaves du brave général Vivenot « débouchent sur la gauche; ils abordent l'ennemi « avec leur élan d'autrefois et sur toute la ligne le « refoule vers le village; les positions extérieures « sont enlevées ».

Le bataillon, poursuivant sa marche en avant, traverse le bois et se trouve bientôt en face de la ville, ayant à gauche le Haut-Rhin et à sa droite les zouaves du général Vivenot. La fusillade continue plus vive que jamais. Le commandant, à cheval, la pipe à la bouche et la canne à la main, aussi impassible que s'il eût été à cent kilomètres de l'ennemi, parcourait les rangs des tirailleurs, les encourageant, attendant l'ordre et le moment pour s'élancer sur cet ennemi qu'il voyait si près de lui. Le drapeau du bataillon, le seul drapeau français qui ait paru devant Beaune, porté par le vaillant sous-lieutenant Sanguet, flottait à sa place de bataille et servait de cible aux ennemis. Mais l'élan de nos troupes qui viennent de repousser l'ennemi et de le chasser de ses positions, est en ce moment arrêté par les fossés et les barricades qui entourent la ville. Le général Aube dit :

» Nos projectiles trop faibles sont également impuis-
» sants contre les barricades qui ferment l'entrée de
« toutes les rues ; devant ces barricades, devant les
« fossés qui les entourent, l'élan victorieux de nos
« troupes s'arrête, brisé ! Cependant chaque maison,
« chaque pan de mur, chaque arbre devient un point
« d'attaque derrière lequel se massent nos soldats,
« prêts à s'élancer par la première brèche que leur
« ouvrira l'artillerie. Un moment, l'intrépide com-
« mandant de Verdière, chef d'état-major de la
« deuxième division, croit une des rues abandonnées
« par l'ennemi. Faisant franchir, par un bon énorme

« à son cheval, les obstacles qui en ferment l'accès, il
« y pénètre et la parcourt dans presque toute sa
« longueur sans essuyer un coup de feu. Revenant
« alors sur ses pas, il appelle à lui les soldats voisins,
« zouaves, mobiles des Deux-Sèvres, de la Savoie et
« du Haut-Rhin, francs-tireurs de Keller, et en forme
« une colonne d'assaut. Lui-même, suivi du colonel
« Rougé, du commandant Dubois, la guide à l'attaque.
« Soudain, à 20 mètres du fossé extérieur, une
« décharge meurtrière, véritable ouragan de plomb et
« de fer, part de ces maisons naguère silencieuses et
« en apparence abandonnées. Le commandant de
« Verdière échappe comme par miracle ; le colonel
« Rougé, le commandant Dubois ont leurs chevaux
« tués et se relèvent avec peine. Tous, néanmoins,
« restent prêts à recommencer leur héroïque tentative
« à ce poste périlleux, où ils reçoivent les félicitations
« du général en chef, accouru de sa personne pour
« seconder leurs efforts. Jusqu'au soir, la lutte se
« continue aussi ardente, aussi acharnée ».

D'autre part, le général Crouzat, qui se trouvait au
centre de la bataille, dit dans sa brochure : « Je fais
« sonner la charge et nous courons sur Beaune. Nous
« arrivons jusqu'aux premières maisons, et là, nous
« sommes accueillis par un feu à bout portant des
« plus intenses. Les chevaux tressautaient devant la
« flamme rouge des fusils, les revolvers crépitaient.
« — Tout fut inutile. — La rue était barrée par une
« barricade en bois qui flambait, et je n'étais plus

« suivi que par quelques officiers. Il fallut revenir au
« point de départ, ce qui se fit au pas. Le chemin
« était couvert de nos pauvres mobiles et zouaves
« morts ou blessés. — La nuit était tout à fait
« venue ».

Voilà ce que fut la bataille de Beaune-la-Rolande
pour le 2ᵉ bataillon. Il y perdit 200 hommes, tant tués
que blessés, et, ainsi que je l'ai dit plus haut, les
Français y perdirent 3000 hommes. Parmi les tués se
trouvait le brave capitaine Brunet, frappé de trois
balles, au pied de la barricade. Mais ce qu'il est
impossible de rendre, ce sont les mille incidents
particuliers arrivés à chacun. Chacun a vu des choses
différentes et chacun est dans la vérité. Je ne puis
m'empêcher d'en citer un, qui montre quels étaient
la bravoure et le sang-froid du commandant Dubois.
Lors de l'assaut, alors que Français et Prussiens
n'étaient plus séparés que par la barricade qui
fermait l'entrée de Beaune, alors qu'on se mitraillait
à bout portant, le commandant, impassible et toujours
caustique, répétait : « Je leur f.... des coups de
canne ». C'est alors que son cheval, criblé de balles,
s'affaisse; quant à lui, il n'eut que le temps de se
relever et de suivre la foule qui se retirait.

Ce récit, tout imparfait qu'il soit, montre bien que
notre premier engagement avait été terrible et que la
bataille de Beaune-la-Rolande ne fut pas un de ces
combats pour rire, à la suite desquels on déclare que

l'ennemi a fait des pertes sérieuses, mais que les Français n'ont eu que quelques blessés.

Deux jours après, nous apprenions, par une proclamation de Gambetta, que nous avions été victorieux; mais nous, qui avions assisté à l'affaire, nous savions à quoi nous en tenir. De plus, ce qui nous a profondément indignés, nous apprenions que, par une amère dérision à l'adresse du 20e corps, qui seul avait porté le poids de la journée, le gouvernement provisoire avait déclaré que le 18e corps et son général avaient bien mérité de la patrie, et que le colonel Billot était confirmé dans son grade de général.

VI.

Les morts de cette fatale journée ne sont pas restés dans l'oubli. La ville de Beaune-la-Rolande a fait élever sur leur tombe un mausolée sur lequel ont été gravés les noms de tous les régiments et bataillons qui s'y trouvaient; dessous ces noms, ils ont gravé cette épitaphe :

> *S'ils n'ont pas sauvé la France,*
> *ils ont sauvé l'honneur de la France.*

Chaque année, les habitants de Beaune, le clergé et la municipalité en tête, vont en procession porter des couronnes sur le monument et célébrer ce douloureux anniversaire par une fête commémorative.

L'année dernière, le 2ᵉ bataillon y était représenté par deux de ses anciens officiers, MM. Borrel et Carquet. Ce dernier a pris la parole et a remercié les Beaunois de l'hommage qu'ils rendaient chaque année à ceux qui étaient venus mourir pour la délivrance de leur ville.

En 1892, M. le sénateur Gravin, qui devait y assister, ayant été empêché au dernier moment, écrivit à M. le Maire de Beaune de lui adresser les journaux qui rendaient compte de cette fête patriotique. Il en reçut l'aimable lettre suivante :

« Monsieur le Maire et cher collègue,

« Je n'ai pas en ce moment dans les mains le journal rendant compte de la cérémonie patriotique du 28 novembre, mais je vais m'en procurer deux exemplaires que je vous adresserai d'ici deux jours.

« Dans aucun des discours prononcés cette année, on n'a cité les régiments qui ont pris part à la bataille de Beaune-la-Rolande, mais tous ici nous savons que les mobiles de la Savoie faisaient partie des combattants, qu'ils se sont bravement conduits et qu'ils méritent à tous égards le pieux souvenir que nous leur témoignons depuis 22 ans déjà.

« La petite colonne que la ville de Beaune a fait élever sur l'emplacement du champ de bataille porte le nom des mobiles de la Savoie, et dans l'ornementation de l'église figure un écusson portant le nom Savoie.

« Vos compatriotes tombés sous nos murs sont devenus les enfants de Beaune-la-Rolande et toute la population va chaque année sur leur tombe pour remplacer les familles absentes auxquelles l'éloignement ne permet pas d'accomplir ce triste et patriotique pélerinage.

« Je vous remercie, mon cher collègue, de la lettre que vous m'avez fait l'honneur de m'écrire et je vous prie de dire à vos concitoyens que les Beaunois sont fiers des Savoisiens qui sont venus ici apporter leur sang pour la défense de la Patrie.

« Veuillez agréer, etc. »

Je remercie les Beaunois du culte qu'ils ont pour nos morts, du souvenir qu'ils ont gardé de nous, et leur adresse mes plus vifs sentiments de reconnaissance.

VII.

Dans la nuit du 28 au 29, nous regagnons notre campement de Quiers, où nous sommes heureux de nous retrouver, quelque défectueux qu'il nous paraisse.

Mais ce combat de Beaune eut, à tous les points de vue, les conséquences les plus funestes. D'abord, il paraît certain que si nous eussions été victorieux, nous pouvions, en deux étapes, arriver sur Paris et le débloquer. Puis, aux bivouacs de Nesploy et de Nibelles, les soldats raisonnaient. Si nous avions reculé, c'était surtout devant les renforts qu'avaient reçus les Prussiens à la fin de la journée. Comment le 15ᵉ corps, qui était le meilleur de toute l'armée, disait-on, n'avait-il pas marché au canon ? Comment le 18ᵉ corps, qui devait arriver devant Beaune à midi, n'y était-il arrivé qu'à la nuit close et alors qu'il n'y avait plus rien à faire?

Cette assertion ne peut être démentie; le général Crouzat, dans sa brochure, dit : « La nuit était tout à « fait venue. A ce moment, le commandant du 18ᵉ « corps apparaît à côté de moi, en me disant que son « corps arrivait. En effet, ses clairons sonnèrent la « charge, mais ses soldats, d'ailleurs peu nombreux, « ne voyant pas où ils tiraient, envoyaient leurs « balles sur mes propres troupes qui tiraillaient « toujours contre Beaune. Ce fut la fin. Craignant « que cette méprise ne causât un affreux désastre « dans un combat de nuit, j'envoyai l'ordre à mes « divisions épuisées de reprendre leurs positions du « matin et au 18ᵉ corps de se rallier sur Mezières.

Au point de vue moral, ce désastre ne fut pas moins grand. Les soldats étaient mal armés, mal équipés, mais tous étaient soutenus par l'espoir d'une bonne bataille et, disons le mot, d'une bonne victoire; mais lorsque cette victoire attendue se fut changée en défaite, le dénûment se fit sentir davantage. Nous en avons la preuve dans la dépêche suivante du général des Saillères, en date du 29, jour même où il vint visiter le 20ᵉ corps :

« Je viens de rendre visite au 20ᵉ corps; il est dans « l'état le plus misérable. Il lui manque dix mille « paires de souliers, du campement complet pour « dix mille hommes : tentes, couvertures, marmites, « etc., vingt mille havre-sacs. Veuillez le recom- « mander à la sollicitude immédiate de l'intendant « en chef. Le moral du corps peut se ressentir de ces « privations. Vous écrirai à ce sujet. »

Le 1ᵉʳ décembre, le général Crouzat adressait au ministre de la guerre cette dépêche, qui n'était pas moins significative : « A la suite des combats de ces « six derniers jours, mes divisions sont très affaibles « en hommes et surtout en officiers. Le 3ᵉ régiment « de zouaves de marche a eu, à lui seul, à Beaune-la- « Rolande, 17 officiers tués ou blessés. Je vous prie « de me renforcer mes divisions. J'ai un besoin « absolu de vingt mille havre-sacs, dix mille paires « de souliers, dix mille paires de guêtres et du cam- « pement pour dix mille hommes. Laissez-moi « quelques jours de repos pour me refaire. Le « moral de mes hommes est bon, mais ils manquent « de trop de choses par le temps froid et pluvieux « qu'il fait. Les trois bataillons de la Haute-Loire

« (67ᵉ mobile de marche) n'ont pour tout vêtement que
« des pantalons et des blouses de toile complètement
« hors de service ; comment pourraient-ils, dans
« ces conditions, résister au bivouac au mois de
« décembre? »

Voilà où nous en étions ; cependant, je me hâte
d'ajouter, le 2ᵉ bataillon était mieux partagé. Grâce à
l'expérience de son chef, à l'énergie des hommes, il
n'était pas dans un dénûment aussi absolu. Certes, il
lui manquait beaucoup de choses, mais il n'avait pas
été traité en quantité négligeable et il ne s'était pas
laissé oublier dans les petites distributions qui avaient
été faites.

VIII.

Je veux ici citer un fait assez piquant qui arriva dans
la journée du 29. A cette époque, la croyance à la
trahison, la défiance qu'elle entretenait, n'étaient que
trop justifiées par tant de projets avortés, par tant de
résolutions tenues pour secrètes et que déjouait la
vigilance de l'ennemi. Le matin du 28, le zouave
Jacob avait été surpris par le colonel Vivenot
au moment même où il revenait des avant-postes
ennemis. Dans un interrogatoire sommaire, il fut
constaté que depuis trois mois, chaque nuit, ce

misérable allait rendre compte aux officiers prussiens de la marche de notre armée et de la situation exacte de nos troupes. Caché sous l'uniforme de nos zouaves, il avait pu, jusqu'à ce jour, échapper à la vigilance de ses chefs. Cet état d'esprit qui nous faisait voir des espions partout faillit être fatal à un de nos compatriotes.

Le bruit se répandit dans le camp que M. Jean-Louis Faure, d'Albertville, venait d'arriver, qu'il avait été pris pour un espion et qu'il avait failli être fusillé. Tout cela était parfaitement vrai. Voici ce qui était arrivé :

Nos parents suivaient avec anxiété toutes les phases et évolutions du bataillon ; ils savaient que les distributions de vivres et surtout de vêtements ne se faisaient pas très régulièrement, et ils résolurent de nous envoyer un ballot de vêtements de rechange. M. Faure s'offrit généreusement pour nous l'apporter. Ce brave garçon, qui ne pouvait combattre pour sa patrie, avait pensé que c'était la servir que d'être utile à ses compatriotes qui versaient au loin leur sang sur le champ de bataille. Il était donc parti à ses risques, périls, frais et dépens. Mais la chose n'était pas aussi facile qu'elle le paraissait. En quittant la dernière gare où il avait laissé le ballot en entrepôt, il avait marché dans la direction qu'on lui avait indiquée. Après de nombreuses marches et contre-marches, il faillit tomber dans les lignes prussiennes ; s'apercevant de son erreur, il revint sur ses pas et alors tomba dans une grand'garde du 3ᵉ régiment de zouaves.

Ceux-ci, l'esprit surexcité par l'affaire du zouave Jacob, narrée plus haut, voyant un homme souillé de neige et de boue, dans un piteux état, venant des lignes prussiennes et se rendant au camp français, crurent encore avoir affaire à un espion ; ils le mirent entre quatre baïonnettes et l'envoyèrent au colonel Vivenot. Le colonel lui fit subir un interrogatoire qui ne tournait point à l'avantage de M. Faure, car celui-ci se trouvait dans un état d'ahurissement tel qu'il ne pouvait répondre un mot et était comme un homme ayant fait le sacrifice de sa vie. Le hasard le sauva. Parmi les zouaves de l'escorte du colonel se trouvait un homme de Conflans (nommé Charbonnier, je crois) qui connaissait la famille Faure et qui savait que son frère était officier au 2ᵉ bataillllon de Savoie. Il se mit immédiatement à la recherche du bataillon, trouva M. Faure, lui raconta ce qui se passait, lui conseillant de se hâter, s'il voulait sauver son frère. M. Faure (l'officier) arriva à temps pour mettre fin à cette méprise et le prisonnier fut relâché.

J'ajoute, pour terminer, que si les vêtements ne furent pas distribués alors, ils furent entièrement restitués plus tard.

IX.

La défaite, le mauvais équipement, la rigueur de l'hiver, les privations de toutes sortes, ne furent pas dans notre corps les seules causes de démoralisation. Il en est une autre qui n'atteignit pas le bataillon de Savoie, mais qu'il est bon de signaler. La voici telle que je l'ai entendu raconter alors et que je l'ai lue plusieurs fois dès la campagne, peut-être même dans le récit du général Aube. Comme je l'ai déjà indiqué, parmi les troupes faisant campagne avec nous, se trouvait un régiment de mobiles du Haut-Rhin. Ils s'étaient bravement conduits; à Fréville et à Beaune-la-Rolande, nous les avions vu marcher au feu, au chant de la Marseillaise, avec l'entrain et le courage de vieilles troupes; mais à Beaune-la-Rolande, ils laissèrent de nombreux prisonniers aux mains de l'ennemi. Or, les Prussiens ne les traitèrent point comme des prisonniers ordinaires, mais comme des compatriotes; ils leurs donnèrent des vivres, des vêtements, leur offrirent les papiers et l'argent nécessaires pour regagner leurs foyers. La plupart acceptèrent; ceux qui refusèrent ces présents d'Artaxercès furent laissés sans surveillance et parvinrent bientôt à s'échapper. Au camp français où ils revinrent, ils racontèrent la façon dont ils avaient été traités, répétant ce que leur avaient dit les Prussiens : « que des compatriotes ne devaient pas s'entre-tuer, que

c'était une erreur » ; il en résulta que huit jours après
Beaune-la-Rolande, ce magnifique régiment était
réduit à 500 hommes, et que le commandant Dolfüs
donnait sa démission, la motivant sur la triste
conviction où il était qu'à la première affaire ses
hommes ne le suivraient pas.

Pour nous, le lendemain de la bataille de Beaune,
voici le rapport du Commandant ; il m'est obligeam-
ment communiqué par M. Eugène Fontaine, plus
tard nommé officier à la 3ᵉ compagnie, mais alors
sergent-major à la 1ʳᵉ :

« Les Commandants de compagnie passeront sur
« le champ la revue de leurs compagnies.

« Ils procèderont à une enquête qui aura pour but
« de faire connaître les morts, les blessés et les
« disparus du bataillon. Pour les morts et blessés,
« ils devront produire sur leur état les signatures
« des témoins.

« Ils me rendront compte également de l'armement
« et des sacs jetés.

« Ces états devront être remis avant dix heures.

« M. le docteur se rendra tous les jours à la garde
« du camp où il rendra compte de l'état des
« malades.

« MM. les Commandants de compagnie me signa-
« leront les hommes qui auraient lâché pied étant

« au feu ; ils seront portés comme déserteurs et
« passibles de la cour martiale.

« Je renouvelle l'ordre déjà donné, que les hommes
« punis ne doivent quitter la garde du camp que
« pendant les marches. »

Dans la journée du 29, dépêche du ministre de la
guerre ; il se déclarait très satisfait de la vigoureuse
pointe poussée par les 18ᵉ et 20ᵉ corps, sur Juranville
et Beaune-la-Rolande, qui avaient pleinement atteint
leur but en arrêtant les mouvements tournants de
l'ennemi sur le Mans et Vendôme, prescrivait au 20ᵉ
corps de se rapprocher de Chilleurs-aux-Bois en
occupant Chambon et Nibelle, et au 18ᵉ corps de se
replier sur Ladon et Bellegarde.

A la suite de cette affaire, diverses récompenses
furent attribuées au bataillon. Le Commandant fut
fait officier de la Légion d'honneur ; un capitaine fut
décoré ; plusieurs sous-officiers et soldats obtinrent
la médaille militaire ; enfin, divers officiers furent
promus d'un grade et plusieurs sous-officiers furent
faits officiers.

C'était tout au moins la preuve que le bataillon
avait fait son devoir.

X.

Quels tristes jours que ceux qui suivirent ! Le 30

novembre, les 1er, 2 et 3 décembre, nous bivouaquons dans la forêt de Nibelle. Bivouaquer, c'est un mot charmant, et probablement une chose très agréable dans la belle saison ; mais en plein hiver, lorsqu'il existe deux pieds de neige, qu'il fait un froid glacial, resté légendaire (18 degrés), lorsque l'ennemi vous talonne, la chose n'est plus aussi belle

Presque constamment, dans cette retraite, le bataillon était à l'arrière-garde, et comme l'ennemi nous suivait de très près, c'est dire que nous étions en contact à chaque instant.

Je me souviens qu'un certain jour, j'étais avec ma compagnie de grand-garde sur la lisière d'un bois. Devant moi, une grande route qui, à cet endroit, faisait une courbe ; cent pas de l'autre côté de la route, également sur la lisière d'un bois, les Prussiens. Nous avions ainsi passé la nuit et une partie de la journée, lorsque je vis s'avancer sur la route le général Thornton et tout son état-major ; je l'abordais immédiatement, le prévenant que l'ennemi était caché dans le bois en face, et l'invitant à ne pas avancer s'il ne voulait recevoir une décharge de mousqueterie. Le général n'ayant pas voulu tenir compte de mon observation, je prévins aussitôt ma compagnie d'être prête à répondre au feu de l'ennemi. Ce que j'avais prévu ne tarda pas à arriver ; le général n'avait pas fait dix pas après le coude de la route, qu'il reçut une bordée de coups de fusils ; heureusement, l'ennemi avait tiré trop haut ; les balles vinrent casser les branches d'arbres au-dessus de nos têtes et personne ne fut atteint; comme nous répondîmes aussitôt au feu de l'ennemi avec la plus grande intensité, le général eut le temps de se retirer au pas, ce à quoi il tenait beaucoup.

Elles étaient terribles, ces grand'gardes passées toute la nuit dans la neige, sans feu, à proximité de l'ennemi ; plus d'un, en s'y rendant le soir, se demandait s'il serait encore vivant le lendemain ; il n'est personne, même parmi les plus sains et les plus robustes, qui n'y ait contracté quelques infirmités.

Le 4, nous passons à Faye-aux-Loges et à Donnery. Un engagement est imminent. Deux régiments de cavalerie nous éclairent en avant et à droite. La 3e division (général Ségard) tient la tête de colonne. A un kilomètre de Pont-aux-Moines, la 1re brigade est assaillie par une très vive fusillade. Le 47e se déploie rapidement, riposte, repousse l'ennemi, le suit jusqu'au haut de la côte, mais il trouve devant lui toute l'armée allemande. Il était impossible, dans l'état où nous nous trouvions, de livrer une nouvelle bataille : le général donna l'ordre de se replier ; à six heures du soir, tout le 20e corps était réuni à Saint-Denis, devant Jargeau et commençait à passer la Loire sur le pont suspendu qui relie Saint-Denis à Jargeau. Le passage dura toute la nuit. Le pont était à moitié rompu, couvert de neige, la Loire charriait d'énormes glaçons et le froid était glacial. Les canons et les caissons passèrent lentement, un à un, et les hommes sur deux files. Le pont résista. A huit heures du matin, tout le 20° corps était sur la rive gauche et le pont tout à fait coupé. Presqu'aussitôt des cavaliers ennemis se montraient sur l'autre rive.

Le 5, nous atteignons le petit village de Viglain, où nous cantonnons. C'était peu pour tout un corps d'armée, mais depuis si longtemps nous n'avions senti un toit sur notre tête, qu'il n'en fallut pas davantage pour nous remettre en gaieté. Aussi, maisons, granges, écuries, les moindres hangars sont pris d'assaut, et chacun cherche à s'y faire une place si petite soit elle.

Le 6, nous sommes à Argent, où nous restons deux jours; de là, nous devons nous rendre dans un village près de Bourges; c'est la plus rude étape qui ait peut-être été faite pendant la campagne, non-seulement à cause des 56 kilomètres qu'il nous fallait franchir, mais aussi à cause des impedimenta sans nombre et du temps affreux qui nous empêchaient d'avancer. Qu'on en juge : nous recevons l'ordre de nous mettre en marche à cinq heures du matin; c'est dire qu'à quatre heures tout le monde était prêt et avait pris le café. Sur les rangs, on nous avertit que nous devons laisser défiler l'artillerie; je crois n'en avoir jamais tant vu, ou tout au moins le temps ne m'a jamais paru aussi long. Il faisait un froid excessif et nous avions l'avantage de recevoir une neige fine qui nous fouettait la figure; enfin, à huit heures, notre tour arrive; nous marchons jusqu'à minuit sans nous arrêter même un quart d'heure : chacun mangeait en marchant ce qu'il avait emporté ; à minuit, halte d'une heure, au milieu d'un bois, dans la neige, loin de toute habitation. Nous pouvons faire le café, mais personne en a le courage ; le bois, d'ailleurs vert, résiste à nos efforts et ne veut flamber. Nous repartons enfin et, à six heures du matin, nous arrivons à Bourges. Il y avait donc vingt-cinq heures que nous étions sur les rangs. Le général Aube, en parlant de cette journée, dit : « Sur 2600 hommes du « régiment des Deux-Sèvres, 500 répondaient seuls « à l'appel en arrivant à Bourges ; des 1200 hommes « du bataillon de Savoie, 50 avaient pu seuls suivre « leur énergique commandant, et c'étaient là des « corps d'élite. La neige, d'ailleurs, n'avait cessé « de tomber pendant cette longue marche de 24 « heures, dépensées à franchir les cinquante kilo- « mètres qui séparaient nos bivouacs, près d'Argent, « de nos premiers cantonnements à Bourges. Malgré « la neige, les chemins étaient couverts de verglas et « ce fut un miracle que notre artillerie pût suivre, « même au prix de la moitié de ses chevaux »

Je me hâte d'ajouter qu'à neuf heures, tous les hommes avaient rejoint et, tambour et musique en tête, nous défilions dans Bourges pour rejoindre nos cantonnements qui étaient de l'autre côté de la ville.

Telle fut, pour le 2ᵉ bataillon des mobiles de la Savoie, la campagne de la Loire. — Elle n'avait duré que 36 jours, mais elle avait été dure surtout en privations de toutes sortes. Nous n'étions, d'ailleurs, pas au bout de nos peines et de nos fatigues; nous allions entreprendre la campagne de l'Est qui fut encore plus malheureuse que la première.

CAMPAGNE DE L'EST

—

XI.

L'armée de l'Est, dont nous faisions désormais partie, comptait sur le papier 150.000 hommes; en réalité, elle n'en comptait que 100.000, et dans le nombre il y avait environ 35.000 soldats ayant déjà servi et capables d'une résistance sérieuse.

Elle était commandée par le général Bourbaki.

Le 20ᵉ corps était sous le commandement du général de Clinchant, un prisonnier de Metz échappé de la captivité, qui remplaçait le général Crouzat nommé commandant à Lyon de la 8ᵉ division militaire. La division dont nous faisions partie était restée sous les ordres du général Thornton que nous étions heureux de conserver et dans lequel nous avions, d'ailleurs, la plus grande confiance. Le général de brigade, M. Aube, capitaine de vaisseau qui était certainement un homme de grand mérite, ayant cru devoir démissionner pour des raisons personnelles, la brigade avait passé sous les ordres du colonel Bernard.

Cette campagne de l'Est que nous allions entreprendre, qui parut être un moment la dernière espérance du pays et qui ne fut qu'un suprême désastre, soulevait dès le commencement de vives appréhensions. C'est le 19 décembre que l'idée de cette expédition prenait une forme définitive, qu'elle devenait un projet arrêté, et, en l'acceptant, le général Bourbaki ne se dissimulait pas ce qu'elle avait de grave. On raconte qu'il était très hésitant, qu'il n'avait pas confiance dans le mouvement qu'on lui faisait faire, et qu'au moment où se tenait le conseil définitif, le général Clinchant étant entré, Bourbaki aurait dit : « Tenez, voilà Clinchant, je le connais ; s'il pense que « nous pouvons marcher, je me fie à lui, j'accepte. » Clinchant s'étant prononcé pour l'entreprise, Bourbaki dit : C'est entendu, marchons.

Le 19 décembre 1870, même jour, nous partons de Bourges pour nous rendre à Châlons-sur-Saône. La distance est de 248 kilomètres ; elle fut parcourue partie à pied, partie en chemin de fer.

Le 24, nous traversons Nevers et allons cantonner à Imphy-les-Forges. Le 26, nous arrivons à Saint-

Léger, près de Decize; c'est un village coquet dans lequel nous sommes fort bien accueillis et les habitants nous offrent une bonne hospitalité. Nous leur promettons, en revanche, après la campagne, de leur écrire et de leur envoyer des produits de notre pays. Combien d'entre nous ont tenu leurs promesses? Nous en repartons le 28, en chemin de fer, pour Châlons, où nous arrivons le 29. Il y avait si longtemps que nous n'avions vécu dans une ville que nous sommes tout étonnés de retrouver des hôtels et une civilisation urbaine. Nous en profitons pour acheter bien des choses qui nous manquent; les nouveaux gradés en profitent également pour faire mettre des galons à leurs habits — galons neufs sur vieux habits. — Enfin, nous recevons des nouvelles toutes fraîches du pays, car nous voyons arriver une partie du dépôt du bataillon.

Conduits par les sergents Blanc et Morand, deux cents soldats du dépôt viennent combler les vides faits dans le bataillon. Ces braves gens étaient pleins d'ardeur, mais il leur manquait l'entraînement et l'habitude de faire campagne. Peu d'entre eux purent résister longtemps.

Le 1er janvier 1871, nous sommes à Dôle. Nous cantonnons dans le collège des Jésuites. Que de troupes avaient déjà cantonnées avant nous dans cet établissement.

Le 2, nous cantonnons à Pagny; de là, remontant

toute la Haute-Saône, nous cantonnons le 4 à Yet, le
5 et le 6 à Fontenay-les-Montbozon et le 8 à Bonald.
Rien de bien intéressant pendant ces diverses étapes;
les Allemands se retirent au fur et à mesure que
nous approchons et il nous arrive souvent d'occuper
le soir la place qu'ils avaient encore le matin. Ce n'est
qu'à Villersexel qu'ils devaient se défendre sérieu-
sement.

XII.

Villersexel.

Cette position de Villersexel était d'une assez
grande importance comme point d'intersection des
routes de Vesoul à Montbéliard, de Lure à Besançon.
On forçait ainsi l'ennemi à se retirer de Dijon, de Gray
et même de Vesoul.

Le général Werder, qui se sentait en péril, crut
nécessaire de tenter un effort, ne fût-ce que pour
troubler notre marche, et le 9 janvier, avec la division
Schmeling et les forces de la division badoise, il se
portait sur notre armée à Villersexel.

Le bataillon fut laissé en réserve; placé d'abord
derrière l'artillerie, dans une position assez désavan-
tageuse, puisque les obus venaient précisément

éclater sur nos têtes, il lui fut bientôt assigné une autre place moins périlleuse.

Si nous n'étions pas directement engagés, il nous fut du moins donné d'assister à un des plus beaux combats de la campagne, non-seulement parce que nous avons été victorieux, mais parce que l'attaque et la défense ont été également vives. Occupé par les Allemands, repris par les Français, disputé avec fureur, ce malheureux village était, de neuf heures du matin à sept heures du soir, le théâtre d'une lutte sanglante qui finit par se concentrer au château.

Un moment, dans la journée, nos bataillons avaient semblé faiblir, mais Bourbaki les conduisit lui-même à l'attaque à la baïonnette, et Villersexel restait définitivement en notre possession.

La nuit du 9 au 10 ne fut pas des plus agréables. Nous étions de grand'garde et, craignant un retour de l'ennemi, nous dûmes la passer l'arme aux pieds.

Le 11 et le 12, nous restons cantonnés à Vallechevreuse.

XIII.

Combat de Saulnot.

Le 13, nous recevons l'ordre d'aller cantonner dans

le village de Saulnot. C'était un village coquet, qui nous souriait assez, mais — il y avait un cheveu — il nous fallait avant tout déloger les Prussiens qui occupaient le village de Chavannes qui surplombe celui de Saulnot, sans quoi ce dernier n'était pas habitable. C'est ce que comprit bien le commandant qui ordonna immédiatement l'attaque.

Les trois dernières compagnies furent laissées en réserve. La 1re eut ordre d'occuper la cure de Saulnot et de la créneler au besoin. La 3e compagnie reçut l'ordre de s'étendre en tirailleurs devant les murs du cimetière de Saulnot, directement sous le village de Chavannes et de l'attaquer de front; enfin, la 2e compagnie devait se porter en ligne de bataille à la gauche de la 3e.

Le mouvement fut parfaitement exécuté; les Prussiens étaient au nombre d'environ 500 et ils avaient deux pièces d'artillerie qui lançaient des boîtes à mitraille.

Au moment de son déploiement, la 3e compagnie est accueillie par une décharge qui lui enlève six hommes et un sergent; malgré cette réception, elle continue sa marche en avant avec beaucoup de sang-froid et l'entrain de vieilles troupes.

La 2e compagnie continue aussi à avancer, cherche à prendre les Prussiens sur la gauche et à leur couper la retraite. Pendant deux heures, l'ennemi résiste courageusement, mais comme nos troupes avançaient toujours, craignant de voir sa ligne de retraite coupée, il se décida à évacuer le village qui fut immédiatement occupé par le bataillon ; quelques instants après, les mobilisés du Rhône y entraient aussi, s'y cantonnaient et nos compagnies revenaient à Saulnot où désormais nous étions tranquilles.

Ce petit engagement nous coûtaient 21 hommes. Parmi eux, le sergent Arthur Maitral, d'Albertville, un bon et brave garçon qui, dès le commencement de la campagne, avait fait notre admiration par son sang-froid, sa bonne humeur et son entier dévouement. Je le revis le lendemain à l'ambulance de Saulnot, on venait de lui extraire la balle. La voilà, me dit-il, en me montrant une balle d'un fort petit calibre. Il paraissait en ce moment aller aussi bien que possible et devoir se rétablir; mais la balle avait, hélas! traversé un poumon. Il mourut quelques temps après, lors de son transport à Montbéliard. La France, ce jour-là, perdit un brave soldat et nous, un bon camarade.

XIII.

Héricourt.

Tous ces petits combats n'étaient que des combats d'avant-garde, le prélude d'une vaste et décisive affaire qui devait se dérouler sous Héricourt. Si nous réussissions, nous devions débloquer Belfort et couper les communications des Allemands entre Paris et l'Allemagne, d'où ils s'approvisionnaient et d'où ils pouvaient toujours recevoir des renforts.

Malheureusement, au lieu d'une grosse affaire, nous n'avons eu à endurer que des souffrances morales et physiques intolérables qui décimèrent l'armée et la rendirent bientôt impropre à toute résistance et surtout à toute attaque sérieuse. Le froid, la faim, les maladies de toutes sortes étaient nos hôtes continus.

Nous passons les 15, 16 et 17 janvier devant Héricourt, dans les bois au-dessus de Tavay. Rien ne peut rendre l'état misérable dans lequel nous nous trouvions. Ces trois journées, et encore plus ces trois nuits, avaient été pleines de souffrances. Le temps était horrible. La nuit venue, pour ne pas mourir de froid, on n'avait d'autres ressources que d'allumer quelques feux de bois vert et encore, le plus souvent, ces feux nous étaient interdits.

« Autour de ces feux, dit un correspondant anglais « qui suivaient l'armée, se confondaient sans dis- « tinction de rang, généraux, officiers, soldats et « jusqu'à des chevaux. Le thermomètre marquait 18 « degrés. Un fort vent aigu soufflait sur le plateau, « chassant devant lui des nuages de neige, nous « aveuglant et formant autour des hommes de petits « tas dans lesquels ils étaient enfouis jusqu'aux

« genoux. Assis sur nos havre-sacs, nous passions
« la nuit les pieds dans le feu, espérant conserver
« ainsi notre chaleur vitale. Joignez à ceci les diffi-
« cultés croissantes de l'approvisionnement, l'insuffi-
« sance complète des vivres, les tourments de la
« faim venant achever l'œuvre de démoralisation
« commencée par le froid. »

D'autre part, le major Blum dit, dans son histoire,
de ces terribles journées : « Quant à être devancé par
« Bourbaki devant Belfort, c'était un cas dont il était
« à peine nécessaire de se préoccuper. Les nombreux
« prisonniers faits dans ces dernières rencontres
« étaient si mal nourris, si pauvrement équipés, qu'on
« n'avait pas à redouter d'un tel adversaire des
« mouvements rapides de masses concentrées, surtout
« dans cette saison où le froid sévissait avec une
« grande rigueur. »

Les deux armées n'étaient séparées que par la vallée
assez étroite où coule le torrent de la Lisaine descendant des Vosges pour aller se perdre vers Montbéliard dans l'Allaine, qui, à son tour, va se jeter dans
le Doubs. Les Allemands occupaient la rive gauche
où ils étaient fortement retranchés, au nombre de
45.000 hommes commandés par le général Werder.
Les Français étaient sur la rive droite, occupant aussi
de bonnes positions, mais n'ayant pas seulement à s'y
défendre, ayant, au contraire, à enlever celles de
l'ennemi.

Le 20° corps, auquel nous appartenions, était avec

Bourbaki et de Clinchant au centre, en face d'Héricourt. A notre droite, se trouvaient les 24ᵉ et 15ᵉ corps
et sur la gauche Billot avec le 18ᵉ corps et la division
Cremer.

Pendant ces trois jours, le bataillon fut continuelle-
ment en présence de l'ennemi, mais ne fut pas
directement engagé. L'attaque sérieuse qui pouvait
décider du sort de la journée et peut-être de la campagne était sur la gauche; elle avait été confiée à
Billot et à Cremer. De ce côté-là, on se battit pendant
les trois journées des 15, 16 et 17, mais malheureusement sans pouvoir entamer les lignes prussiennes
et, par conséquent, sans succès. La position n'était
plus tenable et le résultat était fatal.

Dans la nuit du 17 au 18, le général Bourbaki
télégraphiait au Gouvernement qu'il était forcé, à son
grand regret, d'occuper des positions nouvelles à
quelques lieues en arrière de celles sur lesquelles
on avait combattu. Cela signifiait qu'on se mettait en
retraite.

La nuit du 18 fut une des plus mauvaises de la
campagne pour le bataillon. Harassés de fatigue,
sans vivres, transis de froid, nous dûmes passer la
nuit en grand'garde et surveiller l'ennemi qui déjà
nous poursuivait.

Le lendemain, continuation de la retraite.

Le 22 janvier, nous cantonnons à Marchaux, le 23
à Ecole où nous restons jusqu'au 25, et le 26, nous

recevons l'ordre d'occuper la position de Châtillon. Cette position n'était pas sans dangers ; assez éloigné du gros de l'armée, le bataillon était presque entouré par l'armée prussienne et pouvait à chaque instant être coupé et fait prisonnier. Dans la soirée, nous y apprenons la tentative de suicide du général Bourbaki. Toute la journée du 26, il avait encore surveillé à cheval les mouvements de l'armée, suivi de son aide de camp, le colonel Leperche, qui était pour lui un ami, et qui, voyant bien les angoisses de son chef, avait eu la précaution de lui enlever ses pistolets sans qu'il s'en aperçut ; mais la résolution du général était prise. En rentrant le soir, paisible en apparence, désespéré au fond du cœur, il prenait un prétexte pour envoyer le colonel Leperche au chef d'état-major de l'armée, allait chercher des armes dans la chambre de son aide de camp, s'enfermait chez lui et, peu d'instants après, il avait essayé de mettre fin à sa vie. Heureusement, la balle s'était aplatie sur son crâne meurtri : il était blessé dangereusement, mais il n'était pas perdu.

Au même moment, arrivait la nomination, comme général en chef, du général de Clinchant.

Le 27, à petites étapes, toujours poursuivis par l'ennemi qui nous talonne, nous prenons la route de Pontarlier.

XIV.

Chaffois.

Dans la soirée du 29, nous arrivons à Chaffois, petit village près de Pontarlier. Cette journée de Chaffois fut, à mon avis, une des plus honorables de la campagne pour le bataillon et surtout pour son chef. A peine étions-nous installés (vers les six heures du soir), que les obus viennent siffler au milieu de nous. — Nous sommes cernés — les grand' gardes s'étaient laissées surprendre — tout le surplus de la brigade est fait prisonnier. Le bataillon se groupe immédiatement autour de son commandant, se forme en ligne de bataille et attend l'ennemi qu'il ne voyait d'ailleurs pas encore, car il faisait nuit noire.

C'est en ce moment qu'un bruit passe dans nos rangs et s'étend comme une traînée de poudre : il y a armistice. Le général Thornton envoie un parlementaire au général prussien. « Je ne crois pas, dit celui ci, que l'armistice soit pour nous; du moins, je n'en ai pas été informé, mais je vais demander des ordres. »

En attendant, il fut convenu que le bataillon de Savoie occuperait les trois premières maisons du village et les Prussiens le surplus.

Nous passons ainsi toute la journée du lendemain;

mais, sur le soir, un parlementaire arrive. C'était un lieutenant de la landwer allemande, professeur de français à l'Université de Berlin, un galant homme, d'ailleurs, et un loyal ennemi ; il se rend auprès du commandant et lui dit : « Mon général vous fait « prévenir que l'armistice ne comprend pas notre « corps d'armée et il vous donne, en conséquence, « une demi-heure pour vous retirer. »

« — J'ai ordre d'occuper cette position, répond le « commandant, je n'en sortirai que par la force ou « un ordre de mon général ».

Le parlementaire s'incline devant cette réponse d'un brave soldat et, avec toute la déférence due au courage malheureux, il accorde au commandant le temps nécessaire pour prendre et recevoir des ordres.

Le général Thornton, prévenu, nous ordonne de nous retirer. Nous étions 700, ils étaient 10.000 — toute leur artillerie était braquée sur les trois maisons que nous occupions — il était évident que toute résistance était inutile.

« Dites bien à votre général, répétait le comman- « dant au parlementaire, que je me retire; mais si « vous me suivez, ou si un coup de fusil part de votre « côté, je reviens occuper la position. »

Nous pûmes nous retirer tranquilles ; dans ces conditions, l'honneur, au moins, était sauf. Malheureusement, ces actes isolés d'héroïsme étaient devenus inutiles pour le salut de la France, qui était définitivement vaincue.

XV.

Nous passons le reste de la nuit à Pontarlier, et nous en repartons le lendemain pour gagner la Suisse par la route du fort de Joux et celle de Mouthe. Les Prussiens nous avaient devancés; nous sommes obligés de revenir sous le fort de Joux où nous restons jusqu'au 31 janvier.

A ce moment, une grande partie de l'armée avait déjà passé en Suisse; il ne restait entre nous et les Prussiens qu'un faible cordon de troupes battant en retraite par échelons; le cercle de fer qui nous étreignait se serrait de plus en plus. Le général Clinchant n'avait plus qu'une préoccupation, celle d'échapper à l'étreinte de l'ennemi, de lui dérober ses soldats, ses armes, son matériel, fût-ce en allant chercher un refuge au-delà de la frontière. Le général suisse Herzog arrivait justement aux Verrières; pendant la nuit du 31 janvier au 1er février, dans une pauvre chambre enfumée d'une misérable maison de village, on signait une convention qui réglait le passage de l'armée française en Suisse. Le bataillon suivit le surplus de l'armée.

Le dernier mot de la campagne était dit. C'était, depuis six mois, la quatrième armée française disparaissant d'un seul coup, après celles de Sedan et de Metz, qui étaient encore captives en Allemagne, et celle de Paris, prisonnière dans ses murs.

A la fin de sa brochure, le général Crouzat dit :
« Le 20ᵉ corps était brave, discipliné, patriote.
« Officiers et soldats avaient le sentiment simple et
« unique du devoir. Aussi, ne s'est-il jamais livré à
« aucun de ces mouvements désordonnés qui étaient
« alors si fréquents. Il a toujours marché avec ordre
« et ensemble. Depuis les Vosges et Besançon, jusqu'à
« Beaune - la-Rolande et de là jusqu'à Bourges,
« Héricourt et Pontarlier, nul n'a plus souffert et
« combattu que lui pour la patrie envahie. Qu'il s'en
« souvienne ! et que ce souvenir soit sa consolation
« et sa récompense. »

Si, pendant ces deux terribles campagnes de la
Loire et de l'Est, le 2ᵉ bataillon des mobiles de la
Savoie a rempli son devoir ; si, comme le dit le
général Aube, il a pu être classé dans les troupes
d'élite ; s'il a contribué, dans la mesure de toutes ses
forces, à la défense du territoire, c'est grâce au chef
dévoué, énergique et expérimenté qui était à sa tête,
au commandant Dubois, et je lui en exprime toute
notre reconnaissance.

Albertville, le 29 juillet 1896.

www.ingramcontent.com/pod-product-compliance
Lightning Source LLC
LaVergne TN
LVHW021732080426
835510LV00010B/1205